FESTA DE ENCERRAMENTO

Dados Internacionais de Catalogação na Publicação (CIP) de acordo com ISBD

B814q   Braide, Priscilla

Festa de encerramento / Priscilla Braide; ilustrado por Bibi Aquino. - Jandira, SP : Pingue Pongue, 2022.
32 p. : il.; 24,00cm x 24,00cm. (Contos sociais)

ISBN: 978-65-84504-15-8

1. Educação inclusiva. 2. Autismo. 3. Terapia. 4. Inclusão. I. Aquino, Bibi. II. Título. III. Série

2022-507

CDD 371.9
CDU 376-054-57

Elaborado por Lucio Feitosa - CRB-8/8803

Índice para catálogo sistemático:
1. Educação inclusiva 371.9
2. Educação inclusiva 376-054-57

Este livro foi impresso em fonte Billy em abril de 2022.

Pingue Pongue Edições e Brinquedos Educativos Ltda. é um selo da Ciranda Cultural.

FESTA DE ENCERRAMENTO

PRISCILLA BRAIDE

Ilustrações: Bibi Aquino

Contos Sociais

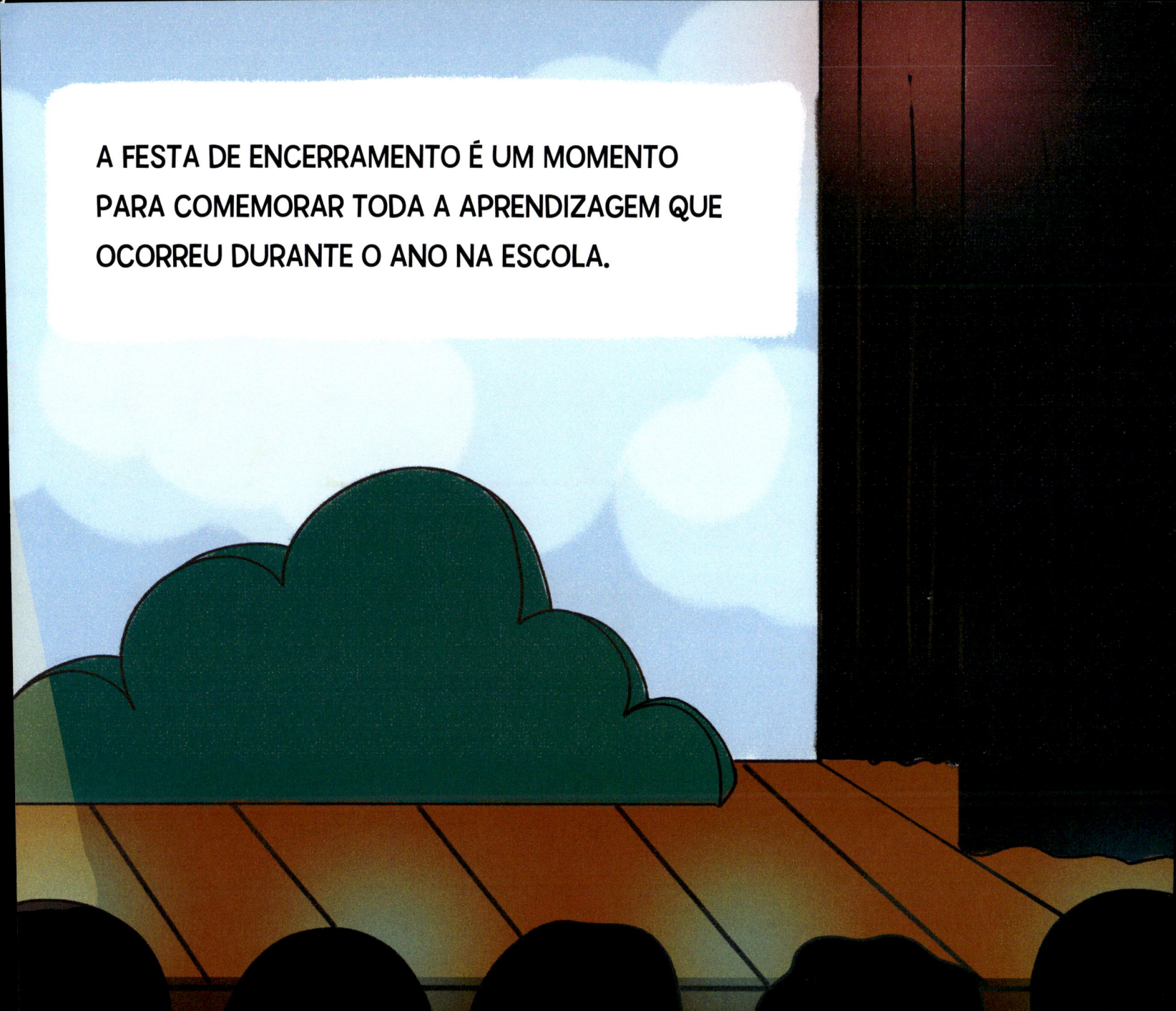

A FESTA DE ENCERRAMENTO É UM MOMENTO PARA COMEMORAR TODA A APRENDIZAGEM QUE OCORREU DURANTE O ANO NA ESCOLA.

MEUS AMIGOS E EU ENSAIAMOS UMA DANÇA QUE SERÁ APRESENTADA PARA NOSSOS FAMILIARES NA FESTA.

DANÇAR NA FESTA DE ENCERRAMENTO FAZ COM QUE EU ME SINTA ANIMADA E ANSIOSA AO MESMO TEMPO.

SERÁ UM DIA MUITO ESPECIAL PORQUE MOSTRAREI PARA A MINHA FAMÍLIA O QUANTO APRENDI NA ESCOLA.

O DIA DA MINHA APRESENTAÇÃO SERÁ ASSIM:
CHEGAREI COM AS MINHAS MÃES NO TEATRO.

EM SEGUIDA, A MINHA PROFESSORA IRÁ ME LEVAR ATÉ O CAMARIM, ONDE FICAREI COM OS MEUS AMIGOS.

NO CAMARIM, VOU COLOCAR UMA ROUPA ESPECIAL CHAMADA FIGURINO E ESPERAR A HORA DA MINHA DANÇA.

QUANDO CHEGAR A HORA DA APRESENTAÇÃO, IREI ATÉ O PALCO COM OS AMIGOS. VOU PRECISAR PRESTAR ATENÇÃO NAS INSTRUÇÕES DADAS PELA PROFESSORA.

FICAREMOS NO ESCURO ATÉ A MÚSICA COMEÇAR.

MESMO QUE EU NÃO CONSIGA VER A MINHA FAMÍLIA, ELA ESTARÁ ME VENDO DA PLATEIA.

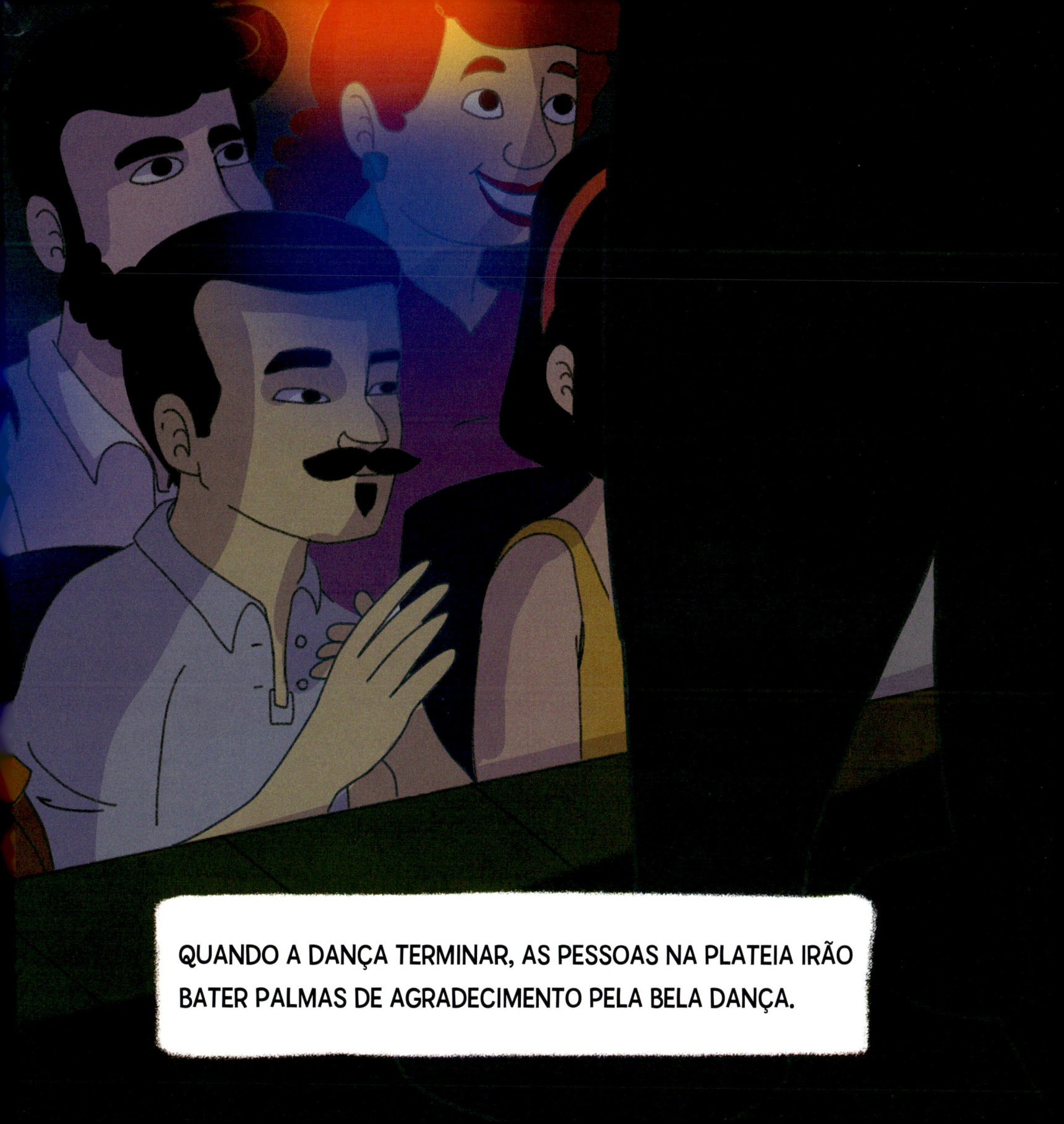

QUANDO A DANÇA TERMINAR, AS PESSOAS NA PLATEIA IRÃO BATER PALMAS DE AGRADECIMENTO PELA BELA DANÇA.

VAI SER MUITO DIVERTIDO DANÇAR COM TANTAS PESSOAS ME VENDO!

Priscilla Braide possui graduação em Psicologia pela Pontifícia Universidade Católica de Campinas (PUC-Campinas) e mestrado em Psicologia Experimental: Análise do Comportamento pela Pontifícia Universidade Católica de São Paulo (PUC-SP). No final de 2009, mudou-se para Winnipeg, Canadá, onde trabalhou por dois anos como ABA consultant no programa Autism Services em St. Amant. Em 2012, fundou a editora Stimulus Materiais de Ensino em ABA, que desenvolve materiais didáticos para alunos com transtornos do espectro autista (TEA).

Bibi Aquino é artista, ilustradora, professora e mãe. Há mais de 10 anos vem trabalhando com ilustrações. Atualmente se dedica a projetos do universo infantil, uma de suas paixões, que a conquistou com suas cores e ideias lúdicas vivenciadas pelos pequenos todos os dias. Ela utiliza várias técnicas para brincar nesse universo.